JN011965

2024年版

中検準4級試験問題

試験問題

[第108・109・110回]
解答と解説

一般財団法人
日本中国語検定協会 編

白帝社

音声ファイルの再生方法について

■ 『中検準4級試験問題2024［第108・109・110回］』の音声ファイル（MP3）は，下記サイトにアクセスし，無料でストリーミングやダウンロードで聞くことができます。

https://www.hakuteisha.co.jp/audio/chuken/j4-2024.html

■ **ストリーミングで聞く場合**（スマートフォン，パソコン，Wi-Fi がある所でおすすめ）：「ストリーミング」の下にあるトラック番号を選択（タッチまたはクリック）すると再生されます。

■ **ダウンロードで聞く場合**（パソコンでおすすめ）：「ダウンロード」の下にあるファイル名を選択（クリック）します。ファイルは ZIP 形式で圧縮された形でダウンロードされます。スマートフォンで行う場合の参考情報は，iv 頁をご覧ください。

■ 発行より年月がたっているものは，ダウンロードのみとなります。

■ 本文中の ⃝ マークの箇所が音声ファイル（MP3）提供箇所です。会場での受験上の注意を収録したトラック01，02，33 は，本書「問題」部分には記していません。

■ 本書と音声は著作権法で保護されています。

ご注意

＊ 音声の再生には，MP3 ファイルが再生できる機器などが別途必要です。

＊ ご使用機器，音声再生ソフトに関する技術的なご質問は，ハードメーカー，ソフトメーカーにお問い合わせください。

ストリーミングやダウンロードがご利用できない場合は CD をお送りします。下記白帝社宛にお問い合わせください。

171-0014　東京都豊島区池袋 2-65-1　白帝社 CD 係

info@hakuteisha.co.jp　Tel：03-3986-3271　Fax：03-3986-3272

①ご希望の CD の書名：『中検準4級試験問題 2024 ［第108・109・110 回］』，②お送り先の住所・電話番号，③ご氏名をお知らせいただき，④ご入金の確認後に CD をお送りいたします。

まえがき

　私たちの協会はこれまで各回の試験が終わるごとに級別に試験問題の「解答解説」を発行し，また年ごとに試験問題と解答解説を合訂した「年版」を公表してきました。これらは検定試験受験者だけでなく，広く中国語学習者や中国語教育に携わる先生方からも，大きな歓迎を受けてきましたが，ただ主として予約による直接購入制であったため，入手しにくいので一般の書店でも購入できるようにしてほしいという声が多く受験者や学習者から寄せられていました。

　その要望に応えるため，「年版」の発行を中国語テキストや参考書の発行に長い歴史と実績を有する白帝社に委ねることにしました。「各回版」の方は速報性が求められ，試験終了後直ちに発行しなければならないという制約を有するため，なお当面はこれまでどおり協会が発行し，直接取り扱うこととします。

　本書の内容は，回ごとに出題委員会が作成する解答と解説に準じていますが，各回版刊行後に気づいた不備，回ごとの解説の粗密や記述体裁の不統一を調整するとともに，問題ごとに出題のねらいや正解を導くための手順を詳しく示すなど，より学習しやすいものになるよう配慮しました。

　本書を丹念に読むことによって，自らの中国語学習における不十分なところを発見し，新しい学習方向を定めるのに役立つものと信じています。中国語学習者のみなさんが，受験準備のためだけでなく，自らの学力を確認するための目安として本書を有効に活用し，学習効果の向上を図られることを願っています。

2024 年 4 月

一般財団法人　日本中国検定協会

本書について

　本書は，日本中国語検定協会が 2023 年に実施した第 108 回（3 月），第 109 回（6 月），第 110 回（11 月）中国語検定試験の問題とそれに対する解答と解説を，実施回ごとに分けて収めたものです。リスニング問題の音声はダウンロードして聴くことができます。

問　題

・試験会場で配布される状態のものに，音声のトラック番号を 03 のように加えています。ただし，会場での受験上の注意を収録したトラック 01，02，33 は記していません。

解答と解説

・問題の最初に，出題のポイントや正解を導くための手順を簡潔に示しています。
・4 択式の解答は白抜き数字❶❷❸❹で，記述式の解答は太字で示しています。解説は問題ごとに　　内に示しています。
・準 4 級・4 級・3 級の問題文と選択肢の文すべて（一部誤答は除く）にピンインと日本語訳例を付し，リスニング問題にはピンインと漢字表記および日本語訳を付けています。
・ピンイン表記は原則として《现代汉语词典 第 7 版》に従っていますが，“不”“一”の声調は変調したものを示しています。
　“没有”は動詞は méiyǒu，副詞は méiyou のように表記しています。
　軽声と非軽声の 2 通りの発音がある場合は，原則として軽声の方を採用しています。例：“打算 dǎ·suàn”は dǎsuan，“父亲 fù·qīn”は fùqin，“因为 yīn·wèi”は yīnwei。
・品詞名，文法用語のうち，助数詞と前置詞は原語のまま量詞，介詞を，また中国語の“状语”は状況語（連用修飾語），“定语”は限定語（連体修飾語）としています。
・音声のトラック番号は，03 のように示しています。

解答用紙見本

・巻末にマークシート式の解答用紙の見本（70％縮小）があります。記入欄を間違えないように，解答欄の並び方を確認しましょう。

参考情報 スマートフォンで音声ダウンロードと再生を行う手順

https://www.hakuteisha.co.jp/audio/chuken/j4-2024.html

・**Android，iPhone**：次の手順で再生してください。

① QR コードを読み取るか，ブラウザに URL を入力して，音声ダウンロードページを開きます。

⇩

② ダウンロードしたいものを選択（タッチ）すると，ダウンロードされます。

⇩

③ ダウンロードしたものが保存されている場所を開き，ダウンロードしたものを開きます。

⇩

④ ダウンロードしたファイルを選択し，聞きたいトラック番号を選択して，再生します。

＊スマートフォンの機種や使用アプリ，アプリのバージョンによって操作方法は少し異なることがあります。

目　　次

準4級第108回
（2023年3月）

問 題

　　解答時間：計60分

　　配点：リスニング50点，筆記50点

解答と解説

03 **1** 1. これから読む(1)～(5)の発音と一致するものを，①～④の中から１つ選びなさい。

(10点)

04 (1) ① tòu ② tuò ③ duò ④ dòu

05 (2) ① fáng ② hán ③ hǎng ④ fǎn

06 (3) ① qī ② qū ③ tū ④ kū

07 (4) ① niáng ② liáng ③ líng ④ níng

08 (5) ① shuǐ ② ruǐ ③ shuí ④ suí

09 2. (6)～(10)のピンイン表記と一致するものを，①～④の中から１つ選びなさい。

(10点)

10 (6) shūdiàn ① ② ③ ④

11 (7) Hànzì ① ② ③ ④

12 (8) huāchá ① ② ③ ④

13 (9) liànxí ① ② ③ ④

14 (10) xiǎoshuō ① ② ③ ④

15 3. (11)～(15)の日本語を中国語で言い表す場合，最も適当なものを，①～④の中から１つ選びなさい。

(10点)

16 (11) 駅 ① ② ③ ④

17 (12) 晩 ① ② ③ ④

18 (13) カバン ① ② ③ ④

19 (14) おいしい ① ② ③ ④

20 (15) 働く ① ② ③ ④

21 **2** 1. (1)～(5)の日本語を中国語で言い表す場合，最も適当なものを，①～④の中から1つ選びなさい。
(10点)

22 (1) 2時35分   ①   ②   ③   ④

23 (2) 土曜日   ①   ②   ③   ④

24 (3) 54歳   ①   ②   ③   ④

25 (4) 4月14日   ①   ②   ③   ④

26 (5) 109元   ①   ②   ③   ④

27 2. (6)～(10)のような場合，中国語ではどのように言うのが最も適当か，①～④の中から1つ選びなさい。
(10点)

28 (6) おわびをするとき

①   ②   ③   ④

29 (7) 大勢の人にあいさつをするとき

①   ②   ③   ④

30 (8) 人に待ってもらうとき

①   ②   ③   ④

31 (9) 相手を応援するとき

①   ②   ③   ④

32 (10) 相手に名前をたずねるとき

①   ②   ③   ④

3 1. (1)〜(5)の中国語の正しいピンイン表記を，①〜④の中から1つ選びなさい。

(10点)

(1) 写   ① xiè   ② xià   ③ xiá   ④ xiě

(2) 书   ① shū   ② xū   ③ xiǔ   ④ shǒu

(3) 远   ① yán   ② yín   ③ yuǎn   ④ yún

(4) 起床   ① qǐxiāo   ② chǐxiāo   ③ qǐchuáng   ④ chǐchuáng

(5) 电话   ① dànwà   ② diànwà   ③ dànhuà   ④ diànhuà

2. (6)〜(10)の日本語の意味になるように空欄を埋めるとき，最も適当なものを，①〜④の中から1つ選びなさい。

(10点)

(6) 机の上に本が1冊あります。

桌子上有一（   ）书。

① 张   ② 条   ③ 本   ④ 双

(7) あなたもギョーザを食べますか。

你（   ）吃饺子吗？

① 都   ② 也   ③ 又   ④ 再

(8) 生徒たちは教室にいます。

学生们（   ）教室里。

① 在   ② 有   ③ 是   ④ 去

(9) きのう彼女はテレビを見ませんでした。

昨天她（   ）看电视。

① 不用   ② 不是   ③ 不会   ④ 没有

(10) わたしはケーキが食べたい。

我（   ）吃蛋糕。

① 会   ② 能   ③ 想   ④ 做

3. (11)〜(15)の日本語の意味になるように①〜④を並べ替えたときに，[　　]内に入るものを選びなさい。　　　　　　　　　　　　　　　　　　　　　　　　（10点）

(11) わたしはコンビニで買い物をします。

＿＿＿＿＿＿ ＿＿＿＿＿＿ [＿＿＿＿＿] ＿＿＿＿＿＿。

① 买东西　　　　② 我　　　　　　③ 便利店　　　　④ 在

(12) 妹も絵を描くのが好きです。

我妹妹＿＿＿＿＿ [＿＿＿＿＿] ＿＿＿＿＿ ＿＿＿＿＿。

① 画　　　　　　② 也　　　　　　③ 画儿　　　　　④ 喜欢

(13) わたしは毎日 7 時に朝ごはんを食べます。

我＿＿＿＿＿ [＿＿＿＿＿] ＿＿＿＿＿ ＿＿＿＿＿。

① 早饭　　　　　② 七点　　　　　③ 每天　　　　　④ 吃

(14) この携帯電話は彼のです。

＿＿＿＿＿ [＿＿＿＿＿] ＿＿＿＿＿ ＿＿＿＿＿。

① 的　　　　　　② 他　　　　　　③ 是　　　　　　④ 这个手机

(15) 先週わたしはとても忙しかった。

＿＿＿＿＿ ＿＿＿＿＿ ＿＿＿＿＿ [＿＿＿＿＿＿]。

① 忙　　　　　　② 非常　　　　　③ 我　　　　　　④ 上星期

4 (1)〜(5)の日本語の下線部を中国語に訳し，(1)・(2)は 1 文字，(3)〜(5)は 2 文字の漢字（簡体字）で書きなさい。（漢字は崩したり略したりせずに書くこと。）　　（20点）

(1) a 中国語の授業に出る。　　　b 車を降りる。

(2) a 問題が難しい。　　　　　　b 音楽を聴く。

(3) 雑誌を読む。

(4) このお茶はおいしい。

(5) 家に帰る。

リスニング

1

解答：(1) ❹ (2) ❹ (3) ❷ (4) ❸ (5) ❶ (6) ❷ (7) ❹ (8) ❹ (9) ❸ (10) ❶
(11) ❸ (12) ❸ (13) ❷ (14) ❹ (15) ❶

1. 発音（1音節）：中国語の発音を正確に聞き取れているかピンインを使って問うています。ピンインは文字としてではなく音と関連付けて覚えるようにしましょう。

(2点×5)

04 (1) dòu ① tòu ② tuò ③ duò ❹ **dòu**

05 (2) fǎn ① fáng ② hán ③ hǎng ❹ **fǎn**

06 (3) qū ① qī ❷ **qū** ③ tū ④ kū

07 (4) líng ① niáng ② liáng ❸ **líng** ④ níng

08 (5) shuǐ ❶ **shuǐ** ② ruǐ ③ shuí ④ suí

2. 発音（2音節）：おろそかに聞くと間違えてしまうような音を集めています。それぞれの音の細かな違いを聞き分けられるようにしましょう。 (2点×5)

10 (6) shūdiàn ① xùdiàn ❷ **shūdiàn** ③ shūjiàn ④ xiūzhàn

11 (7) Hànzì ① hànjì ② fànjì ③ hénjì ❹ **Hànzì**

12 (8) huāchá ① huāqiào ② huǒchē ③ huàcè ❹ **huāchá**

13 (9) liànxí ① liánxí ② liángxí ❸ **liànxí** ④ liǎngqī

14 (10) xiǎoshuō ❶ **xiǎoshuō** ② shǎoshuō ③ xiǎoshǒu ④ xiāoshòu

3. 単語：与えられた日本語に対応する単語またはフレーズの意味を類義，反義，関連語のグループの中から選びます。

(2点×5)

16（11）駅

① 邮局 yóujú　　　　（郵便局）

② 教室 jiàoshì　　　　（教室）

❸ 车站 chēzhàn　　　（駅）

④ 医院 yīyuàn　　　　（病院）

17（12）晩

① 上午 shàngwǔ　　　（午前）

② 下午 xiàwǔ　　　　（午後）

❸ 晚上 wǎnshang　　　（晩）

④ 早上 zǎoshang　　　（朝）

18（13）カバン

① 手机 shǒujī　　　　（携帯電話）

❷ 书包 shūbāo　　　　（カバン）

③ 钱包 qiánbāo　　　　（財布）

④ 手表 shǒubiǎo　　　（腕時計）

19（14）おいしい

① 便宜 piányi　　　　（安い）

② 快乐 kuàilè　　　　（楽しい）

③ 好听 hǎotīng　　　（〔音や声が〕きれいだ）

❹ 好吃 hǎochī　　　　（おいしい）

20（15）働く

❶ 工作 gōngzuò　　　（働く，仕事）

② 睡觉 shuìjiào　　　（寝る，眠る）

③ 上课 shàngkè　　　（授業に出る，授業をする）

④ 学习 xuéxí　　　　（勉強する）

準4級

第108回　解答と解説　〔リスニング〕

7

解答：(1)❸ (2)❸ (3)❷ (4)❹ (5)❶ (6)❸ (7)❷ (8)❷ (9)❸ (10)❸

1. 語句：数字に関する表現を正確に聞き取れるかどうかを問うています。

(2 点 × 5)

22 (1) 2 時 35 分
①	两点三刻	liǎng diǎn sān kè	(2 時 45 分)
②	两点十五分	liǎng diǎn shíwǔ fēn	(2 時 15 分)
❸	两点三十五分	liǎng diǎn sānshiwǔ fēn	(2 時 35 分)
④	十二点三十分	shí'èr diǎn sānshí fēn	(12 時 30 分)

23 (2) 土曜日
①	星期天	xīngqītiān	(日曜日)
②	星期五	xīngqīwǔ	(金曜日)
❸	星期六	xīngqīliù	(土曜日)
④	星期二	xīngqī'èr	(火曜日)

24 (3) 54 歳
①	五十七岁	wǔshiqī suì	(57 歳)
❷	五十四岁	wǔshisì suì	(54 歳)
③	五十一岁	wǔshiyī suì	(51 歳)
④	五十九岁	wǔshijiǔ suì	(59 歳)

25 (4) 4 月 14 日
①	十月十四号	shíyuè shísì hào	(10 月 14 日)
②	十月四号	shíyuè sì hào	(10 月 4 日)
③	四月四号	sìyuè sì hào	(4 月 4 日)
❹	四月十四号	sìyuè shísì hào	(4 月 14 日)

26 (5) 109 元
❶	一百零九元	yìbǎi líng jiǔ yuán	(109 元)
②	一百一十九元	yìbǎi yīshijiǔ yuán	(119 元)
③	九百零一元	jiǔbǎi líng yī yuán	(901 元)
④	九百一十元	jiǔbǎi yīshí yuán	(910 元)

2. 日常用語：あいさつ語ほか日常生活の中で使われる基本的な表現を聞いて理解することができるかどうかを問うています。

(2点×5)

28 (6) おわびをするとき
① 不客气!　　Bú kèqi!　　どういたしまして。
② 别着急!　　Bié zháojí!　　慌てることはありません。
❸ 对不起!　　Duìbuqǐ!　　ごめんなさい。
④ 没关系!　　Méi guānxi!　　どういたしまして。お気遣いなく。

29 (7) 大勢の人にあいさつをするとき
① 生日快乐!　　Shēngrì kuàilè!　　誕生日，おめでとう。
❷ 大家好!　　Dàjiā hǎo!　　皆さん，こんにちは。
③ 新年好!　　Xīnnián hǎo!　　新年おめでとうございます。
④ 明天见!　　Míngtiān jiàn!　　またあした。

30 (8) 人に待ってもらうとき
① 请多关照!　　Qǐng duō guānzhào!　　どうぞよろしく。
❷ 请等一下!　　Qǐng děng yíxià!　　ちょっと待ってください。
③ 请跟我念!　　Qǐng gēn wǒ niàn!　　わたしに続いて読んでください。
④ 请多指教!　　Qǐng duō zhǐjiào!　　よろしくご指導ください。

31 (9) 相手を応援するとき
① 欢迎!　　Huānyíng!　　ようこそ。
② 晚安!　　Wǎn'ān!　　お休みなさい。
❸ 加油!　　Jiāyóu!　　がんばれ。
④ 不行!　　Bùxíng!　　だめです。

32 (10) 相手に名前をたずねるとき
① 你家有几口人?　　Nǐ jiā yǒu jǐ kǒu rén?　　お宅は何人家族ですか。
② 你身体好吗?　　Nǐ shēntǐ hǎo ma?　　お元気ですか。
❸ 你叫什么名字?　　Nǐ jiào shénme míngzi?　　お名前は何と言いますか。
④ 你今年多大?　　Nǐ jīnnián duō dà?　　あなたはことしおいくつですか。

9

筆 記

3

解答：(1) ❹ (2) ❶ (3) ❸ (4) ❸ (5) ❹ (6) ❸ (7) ❷ (8) ❶ (9) ❹ (10) ❸
(11) ❸ (12) ❹ (13) ❷ (14) ❸ (15) ❶

1. ピンイン表記：ピンイン表記を理解することは正確な発音を身に付けることでもあります。 (2点×5)

(1) 写（書く）　　① xiè　　② xià　　③ xiá　　❹ **xiě**

(2) 书（本）　　❶ **shū**　　② xū　　③ xiǔ　　④ shǒu

(3) 远（遠い）　　① yán　　② yín　　❸ **yuǎn**　　④ yún

(4) 起床（起きる）　① qǐxiāo　② chǐxiāo　❸ **qǐchuáng**　④ chǐchuáng

(5) 电话（電話）　① dànwà　② diànwà　③ dànhuà　❹ **diànhuà**

2. 空欄補充：空欄に入る語はいずれも文法上のキーワードです。 (2点×5)

(6) 机の上に本が1冊あります。

　　桌子上有一（ 本 ）书。Zhuōzishang yǒu yì běn shū.

　　① 张 zhāng　　② 条 tiáo　　❸ **本 běn**　　④ 双 shuāng

> 　量詞（助数詞）の問題です。"张"は「紙」や「テーブル」など張った平らな面を持つものを，"条"は細長いものなどを，"本"は書籍類など冊子状のものを，"双"は「靴」など対になっているものを数えるときに用います。

(7) あなたもギョーザを食べますか。

　　你（ 也 ）吃饺子吗? Nǐ yě chī jiǎozi ma?

　　① 都 dōu　　❷ **也 yě**　　③ 又 yòu　　④ 再 zài

> 　副詞の問題です。"都"は「みな」，"也"は「…も」，"又"は「（すでに行われた動作の繰り返しについて）また」，"再"は「（これから繰り

10

返して行われる動作について）また」という意味を表します。

(8) 生徒たちは教室にいます。

学生们（ 在 ）教室里。Xuéshengmen zài jiàoshì li.

❶ 在 zài   ② 有 yǒu   ③ 是 shì   ④ 去 qù

> "在"は「（何か・誰か）が（ある場所）に（ある・いる）」，"有"は「ある」，"是"は「…は…である」，"去"は「行く」という意味です。「…は…にいる，ある」というときには所在を表す動詞"在"を用いて，「人・モノ＋"在"＋場所」の語順に並べます。

(9) きのう彼女はテレビを見ませんでした。

昨天她（ 没有 ）看电视。Zuótiān tā méiyou kàn diànshì.

① 不用 búyòng   ② 不是 bú shì   ③ 不会 bú huì   ❹ 没有 méiyou

> "不用"は「…する必要はない」，"不是"は「…ではない」，"不会"は「…するはずはない」，"没有"は「…しなかった，していない」という意味です。「見た」という完了形は"看了"，その否定「見なかった」は"没(有)看"です。

(10) わたしはケーキが食べたい。

我（ 想 ）吃蛋糕。Wǒ xiǎng chī dàngāo.

① 会 huì   ② 能 néng   ❸ 想 xiǎng   ④ 做 zuò

> "会"は「…（技能を習得した結果）できる，…するはずだ」，"能"は「（能力があって）…できる」，"想"は「…したい」，"做"は「する」という意味です。「…したい」は"想"を動詞句の前に置きます。

3. 語順選択：与えられた語句を用いて正確に文を組み立てることができるかどうかを問うています。

(2点×5)

(11) わたしはコンビニで買い物をします。

② 我   ④ 在   [❸ 便利店]   ① 买东西。Wǒ zài biànlìdiàn mǎi dōngxi.

> "在"は介詞（前置詞）で，「…で…をする」は「"在"＋場所＋動詞（＋目的語）」の語順に並べます。場所を限定する"在便利店"（コンビニで）は動詞句"买东西"（買い物をする）の前に置きます。

11

⑿ 妹も絵を描くのが好きです。

我妹妹　②也　［　❹喜欢　］　①画　③画儿。

Wǒ mèimei yě xǐhuan huà huàr.

> 「…するのが好き」は「"喜欢"＋動詞」を用います。副詞は形容詞句や動詞句の前に置くので，"也"は動詞句"喜欢画画儿"の前に置きます。

⒀ わたしは毎日7時に朝ごはんを食べます。

我　③每天　［　❷七点　］　④吃　①早饭。

Wǒ měi tiān qī diǎn chī zǎofàn.

> "每天七点"という時間を表す語句は動詞句を修飾する状況語として，"吃早饭"という動詞句の前に置きます。

⒁ この携帯電話は彼のです。

④这个手机　［　❸是　］　②他　①的。Zhège shǒujī shì tā de.

> 「AはBです」は「A＋"是"＋B」の文型を用います。「彼の」は"他的"です。

⒂ 先週わたしはとても忙しかった。

④上星期　③我　②非常　［　❶忙　］。Shàng xīngqī wǒ fēicháng máng.

> 「とても忙しかった」は形容詞"忙"の前に副詞"非常"を置きます。時間を表す"上星期"は主語の前，もしくは後に置きます。

4

> 解答：(1) a 课　b 车　　(2) a 难　b 听　　(3) 杂志　　(4) 好喝　　(5) 回家

日文中訳：中国では文字表記に簡体字を用いることが正式に定められています。簡体字の形や画数に注意しましょう。日本の漢字と微妙に，あるいは大きく異なるものが多くありますので，正確に覚えましょう。　　　　　　　　　　　　(4点×5)

(1) a　中国語の授業に出る。　上汉语课。Shàng Hànyǔ kè.
　　 b　車を降りる。　　　　　下车。　　Xià chē.

　　a 「授業に出る」は"上课"，「授業が終わる」は"下课 xiàkè"です。"课"の言偏は2画です。

　　课 kè（課）　ﾉ　讠　订　训　识　识　识　课　课　课　　（10画）

　　b 「車を降りる」は"下车"，「車に乗る」は"上车 shàng chē"です。「車」の簡体字"车"の画数は4画です。2画目を左斜め下にはらわないようにしましょう。

　　车 chē（車）　一　ナ　岙　车　　　　　　　　　　　　（4画）

(2) a　問題が<u>難しい</u>。　问题很难。Wèntí hěn nán.
　　b　音楽を<u>聴く</u>。　听音乐。　Tīng yīnyuè.

　　a "难"は「難」の簡体字です。偏の複雑な形はヌと大きく簡略化されていますので注意しましょう。

　　难 nán（難）　ﾌ　ヌ　ﾇ　刄　邓　难　难　难　难　难　（10画）

　　b 耳を傾けて何かを「聴く」ときには"听"を使います。「聴」の簡体字です。"闻 wén"（においをかぐ）ではないので注意しましょう。

　　听 tīng（聴）　丶　丬　口　口　叮　叮　听　　　　　（7画）

　　簡体字"难"や"听"を正しく書けるようにしましょう。

(3) <u>雑誌</u>を読む。　看杂志。Kàn zázhì.

　　"杂"の下の部分は日本の常用漢字「雑」の偏（へん）とは違って片仮名の「ホ」のようになります。"杂志"は常用語ですから，その簡体字を正しく書けるようにしましょう。

　　杂 zá（雑）　ﾉ　九　九　杂　杂　杂　　　　　　　　　（6画）

(4) このお茶は<u>おいしい</u>。　这个茶很好喝。Zhège chá hěn hǎohē.

　　飲み物が「おいしい」は，"好喝"と言います。"喝"の旁（つくり）の10-11画目の"人"の部分を"メ"や"ヒ"と書かないように気を

13

付けましょう。おいしいものが食べ物の場合は"好吃 hǎochī"と言います。

喝 hē（喝）　丶　ロ　ロ　ロ'　ロ''　ロ''　ロ''　ロ''　喝　喝　喝　喝　（12画）

(5) 家に帰る。　回家。huí jiā.

「帰る」は"回"を用います。

準4級第109回
(2023年6月)

問 題

　　解答時間：計60分

　　配点：リスニング50点，筆記50点

解答と解説

03 | **1** | 1. これから読む(1)〜(5)の発音と一致するものを，①〜④の中から１つ選びなさい。

(10点)

04 (1) ① zhào ② jiáo ③ zháo ④ jiào

05 (2) ① qú ② jù ③ qù ④ jú

06 (3) ① xiān ② shān ③ xiāng ④ shāng

07 (4) ① lěi ② guǐ ③ ruǐ ④ něi

08 (5) ① cōng ② chōng ③ zǒng ④ chǒng

09 2. (6)〜(10)のピンイン表記と一致するものを，①〜④の中から１つ選びなさい。

(10点)

10 (6) diànshì ① ② ③ ④

11 (7) xiàozhǎng ① ② ③ ④

12 (8) kèběn ① ② ③ ④

13 (9) zuótiān ① ② ③ ④

14 (10) yǐjīng ① ② ③ ④

15 3. (11)〜(15)の日本語を中国語で言い表す場合，最も適当なものを，①〜④の中から
１つ選びなさい。

(10点)

16 (11) あした ① ② ③ ④

17 (12) 学校の先生 ① ② ③ ④

18 (13) 地下鉄 ① ② ③ ④

19 (14) きれいだ ① ② ③ ④

20 (15) 起床する ① ② ③ ④

2 1. (1)〜(5)の日本語を中国語で言い表す場合，最も適当なものを，①〜④の中から
1つ選びなさい。 (10点)

(1) 6時15分　　①　　　　②　　　　③　　　　④

(2) 土曜日　　①　　　　②　　　　③　　　　④

(3) 10月23日　①　　　　②　　　　③　　　　④

(4) 47歳　　①　　　　②　　　　③　　　　④

(5) 211元　　①　　　　②　　　　③　　　　④

2. (6)〜(10)のような場合，中国語ではどのように言うのが最も適当か，①〜④の中
から1つ選びなさい。 (10点)

(6) 日付を確かめるとき

　　　　　①　　　　②　　　　③　　　　④

(7) 新年のあいさつをするとき

　　　　　①　　　　②　　　　③　　　　④

(8) 人を部屋に招き入れるとき

　　　　　①　　　　②　　　　③　　　　④

(9) 転んだ人を気遣うとき

　　　　　①　　　　②　　　　③　　　　④

(10) 遠方へ行く人の無事を祈るとき

　　　　　①　　　　②　　　　③　　　　④

3　1. (1)〜(5)の中国語の正しいピンイン表記を，①〜④の中から1つ選びなさい。

(10点)

(1) 和　　　① hē　　　② hū　　　③ hé　　　④ hú

(2) 做　　　① zǒu　　② zòu　　③ zuǒ　　④ zuò

(3) 少　　　① sháo　　② shǎo　　③ xiáo　　④ xiǎo

(4) 铅笔　　① qiānbǐ　② qiāngbǐ　③ qiānbí　④ qiāngbí

(5) 邮局　　① yōuzhǔ　② yóuzhú　③ yōujǔ　④ yóujú

　　2. (6)〜(10)の日本語の意味になるように空欄を埋めるとき，最も適当なものを，
①〜④の中から1つ選びなさい。

(10点)

(6) きょうは雨が降らないでしょう。
　　今天不下雨（　　　）。
　　① 呢　　　　② 吧　　　　③ 了　　　　④ 的

(7) 彼らはどこへ行きますか。
　　他们去（　　　）?
　　① 什么　　　② 几个　　　③ 多少　　　④ 哪儿

(8) 近くに公園が3つあります。
　　附近（　　　）三个公园。
　　① 有　　　　② 都　　　　③ 在　　　　④ 也

(9) きのうは人が多くなかった。
　　昨天人（　　　）多。
　　① 别　　　　② 没　　　　③ 不　　　　④ 有

(10) この雑誌は山田さんのです。
　　这（　　　）杂志是山田的。
　　① 块　　　　② 件　　　　③ 张　　　　④ 本

3. (11)～(15)の日本語の意味になるように①～④を並べ替えたときに，[   ]内に
入るものを選びなさい。 (10点)

(11) わたしたちは朝7時に朝ごはんを食べます。

我们_____ [_____] _____ _____。

① 七点　　　　② 早饭　　　　③ 吃　　　　④ 早上

(12) 彼女たちもみな上海に行きます。

她们_____ [_____] _____ _____。

① 去　　　　② 都　　　　③ 也　　　　④ 上海

(13) わたしは電車の中で携帯電話を見ます。

_____ [_____] _____ _____。

① 看手机　　　　② 电车里　　　　③ 在　　　　④ 我

(14) わたしはパソコンで中国語を勉強します。

_____ [_____] _____ _____。

① 我　　　　② 学汉语　　　　③ 电脑　　　　④ 用

(15) 駅はそれほど遠くありません。

_____ _____ [_____] _____。

① 不　　　　② 太　　　　③ 远　　　　④ 车站

4　(1)～(5)の日本語の下線部を中国語に訳し，(1)・(2)は1文字，(3)～(5)は2文字の漢
字（簡体字）で書きなさい。（漢字は崩したり略したりせずに書くこと。） (20点)

(1) a 橋を渡る。　　　　　　　b 薬をのむ。

(2) a 外は寒い。　　　　　　　b 手紙を書く。

(3) 宿題を提出する。

(4) 彼女は声がとてもきれいだ。

(5) 猫も寝る。

1

解答：(1)❸ (2)❷ (3)❹ (4)❶ (5)❸ (6)❸ (7)❹ (8)❶ (9)❹ (10)❸
(11)❹ (12)❸ (13)❷ (14)❶ (15)❸

1. 発音（1音節）：中国語の発音を正確に聞き取れているかピンインを使って問うています。ピンインは文字としてではなく音と関連付けて覚えるようにしましょう。

(2点 × 5)

04 (1) zháo ① zhào ② jiáo ❸ zháo ④ jiào

05 (2) jù ① qú ❷ jù ③ qù ④ jú

06 (3) shāng ① xiān ② shān ③ xiāng ❹ shāng

07 (4) lěi ❶ lěi ② guǐ ③ ruǐ ④ něi

08 (5) zǒng ① cōng ② chōng ❸ zǒng ④ chǒng

2. 発音（2音節）：おろそかに聞くと間違えてしまうような音を集めています。それぞれの音の細かな違いを聞き分けられるようにしましょう。

(2点 × 5)

10 (6) diànshì ① diànzhǐ ② diánshǐ ❸ diànshì ④ diǎnzhì

11 (7) xiàozhǎng ① xiǎozhǎng ② xiǎochuán ③ xiāochuǎn ❹ xiàozhǎng

12 (8) kèběn ❶ kèběn ② kēpèng ③ gèbēn ④ gēpéng

13 (9) zuótiān ① zuòdiàn ② zǒudiàn ③ zuǒjiān ❹ zuótiān

14 (10) yǐjīng ① yìqíng ② yǔjìng ❸ yǐjīng ④ yǔqíng

3. 単語：与えられた日本語に対応する単語またはフレーズの意味を類義，反義，関連語のグループの中から選びます。 (2点×5)

16 (11) あした
① 星期天 xīngqītiān （日曜日）
② 今天 jīntiān （きょう）
③ 昨天 zuótiān （きのう）
❹ 明天 míngtiān （あした）

17 (12) 学校の先生
① 学生 xuésheng （学生）
② 医生 yīshēng （医師，医者）
❸ 老师 lǎoshī （学校の先生）
④ 朋友 péngyou （友人）

18 (13) 地下鉄
① 飞机 fēijī （飛行機）
❷ 地铁 dìtiě （地下鉄）
③ 汽车 qìchē （自動車）
④ 电梯 diàntī （エレベーター）

19 (14) きれいだ
❶ 漂亮 piàoliang （きれいだ）
② 方便 fāngbiàn （便利だ）
③ 热闹 rènao （にぎやかだ）
④ 快乐 kuàilè （愉快だ，楽しい）

20 (15) 起床する
① 吃饭 chī fàn （ごはんを食べる）
② 洗澡 xǐzǎo （風呂に入る）
❸ 起床 qǐchuáng （起きる）
④ 上学 shàngxué （学校へ行く，登校する）

2

解答：(1) ❸ (2) ❹ (3) ❹ (4) ❶ (5) ❷ (6) ❹ (7) ❷ (8) ❸ (9) ❶ (10) ❷

1. 語句：数字に関する表現を正確に聞き取れるかどうかを問うています。

(2点×5)

22 (1) 6時15分

① 六点零五分	liù diǎn líng wǔ fēn	(6時5分)
② 九点一刻	jiǔ diǎn yí kè	(9時15分)
❸ 六点十五分	liù diǎn shíwǔ fēn	(6時15分)
④ 六点三刻	liù diǎn sān kè	(6時45分)

23 (2) 土曜日

① 星期五	xīngqīwǔ	(金曜日)
② 星期三	xīngqīsān	(水曜日)
③ 星期二	xīngqī'èr	(火曜日)
❹ 星期六	xīngqīliù	(土曜日)

24 (3) 10月23日

① 四月二十三号	sìyuè èrshisān hào	(4月23日)
② 十月二十七号	shíyuè èrshiqī hào	(10月27日)
③ 四月二十六号	sìyuè èrshiliù hào	(4月26日)
❹ 十月二十三号	shíyuè èrshisān hào	(10月23日)

25 (4) 47歳

❶ 四十七岁	sìshiqī suì	(47歳)
② 四十九岁	sìshijiǔ suì	(49歳)
③ 七十四岁	qīshisì suì	(74歳)
④ 七十一岁	qīshiyī suì	(71歳)

26 (5) 211元

① 二百零一块	èrbǎi líng yī kuài	(201元)
❷ 二百一十一块	èrbǎi yīshiyī kuài	(211元)
③ 二百一十块	èrbǎi yīshí kuài	(210元)
④ 二百七十一块	èrbǎi qīshiyī kuài	(271元)

2. 日常用語：あいさつ語ほか日常生活の中で使われる基本的な表現を聞いて理解することができるかどうかを問うています。 　　　　　　　　　　　　　　(2点×5)

28 (6) 日付を確かめるとき

① 多少时间? 　Duōshao shíjiān? 　どのぐらいの時間ですか。

② 什么时候? 　Shénme shíhou? 　いつですか。

③ 现在几点? 　Xiànzài jǐ diǎn? 　いま何時ですか。

❹ 今天几号? 　Jīntiān jǐ hào? 　きょうは何日ですか。

29 (7) 新年のあいさつをするとき

① 晚上好! 　Wǎnshang hǎo! 　こんばんは。

❷ 新年好! 　Xīnnián hǎo! 　新年おめでとうございます。

③ 明天见! 　Míngtiān jiàn! 　またあした。

④ 您慢走! 　Nín mànzǒu! 　気を付けてお出かけください。

30 (8) 人を部屋に招き入れるとき

① 请坐! 　Qǐng zuò! 　お掛けください。

② 请说! 　Qǐng shuō! 　お話しください。

❸ 请进! 　Qǐng jìn! 　お入りください。

④ 请听! 　Qǐng tīng! 　お聞きください。

31 (9) 転んだ人を気遣うとき

❶ 没事儿吧? 　Méishìr ba? 　大丈夫ですか。

② 没人吧? 　Méi rén ba? 　人がいないでしょうね。

③ 为什么? 　Wèi shénme? 　なぜですか。

④ 怎么样? 　Zěnmeyàng? 　どうですか。

32 (10) 遠方へ行く人の無事を祈るとき

① 生日快乐! 　Shēngrì kuàilè! 　誕生日おめでとうございます！

❷ 一路平安! 　Yílù píng'ān! 　道中ご無事で！

③ 请等一下! 　Qǐng děng yíxià! 　ちょっと待ってください。

④ 请多关照! 　Qǐng duō guānzhào! 　どうぞよろしく！

3

解答：(1) ❸　(2) ❹　(3) ❷　(4) ❶　(5) ❹　(6) ❷　(7) ❹　(8) ❶　(9) ❸　(10) ❹

(11) ❶　(12) ❷　(13) ❸　(14) ❹　(15) ❷

1. ピンイン表記：ピンイン表記を理解することは正確な発音を身に付けることでもあります。　　　　　　　　　　　　　　　　　　　　　　　（2点×5）

(1) 和（…と）　　　① hē　　　② hū　　　❸ hé　　　④ hú

(2) 做（する，やる）　① zǒu　　② zòu　　③ zuǒ　　❹ zuò

(3) 少（少ない）　　① sháo　　❷ shǎo　　③ xiáo　　④ xiǎo

(4) 铅笔（鉛筆）　❶ qiānbǐ　② qiāngbǐ　③ qiānbí　④ qiāngbí

(5) 邮局（郵便局）　① yōuzhǔ　② yóuzhú　③ yōujǔ　❹ yóujú

2. 空欄補充：空欄に入る語はいずれも文法上のキーワードです。　（2点×5）

(6) きょうは雨が降らないでしょう。

今天不下雨（ 吧 ）。Jīntiān bú xià yǔ ba.

① 呢 ne　　❷ 吧 ba　　③ 了 le　　④ 的 de

　　語気助詞の問題です。日本語の「…でしょう」から推測の意味の"吧"を選びます。"呢"は前の文を受けて省略疑問文を作る「…は？」や存在確認の「ね，よ」，"了"は動作の完了や変化を表す「…した」，"的"はすでに行われた動作について時間・場所・方法などを強調する「…のだ」という意味です。

(7) 彼らはどこへ行きますか。

他们去（ 哪儿 ）? Tāmen qù nǎr?

① 什么 shénme　② 几个 jǐ ge　③ 多少 duōshao　❹ 哪儿 nǎr

　　疑問詞の問題です。「どこ」は"哪儿"または"哪里"を選びます。

"什么" は「何」，"几个" は 10 以下の数について「いくつ」，"多少" は数量に制限なく「いくつ，どのくらい」であるかを問います。

(8) 近くに公園が3つあります。

附近（ 有 ）三个公园。Fùjìn yǒu sān ge gōngyuán.

❶ 有 yǒu   ② 都 dōu   ③ 在 zài   ④ 也 yě

「ある場所に，何かがある，誰かがいる」という存在を表す動詞 "有"（ある，いる）の構文は「場所＋"有"＋数量＋モノ／人」です。"都" は副詞で「みな」，"在" は動詞で「(特定のモノ／人が) どこにある，いる」という所在を表し，"也" は副詞で「…も」という意味です。

(9) きのうは人が多くなかった。

昨天人（ 不 ）多。Zuótiān rén bù duō.

① 别 bié   ② 没 méi   ❸ 不 bù   ④ 有 yǒu

「きのう」のことですが，形容詞の否定は現在・過去の時制に関係なく常に副詞 "不"（…しない，…ではない）を用います。"别" は副詞で「…してはいけない」と禁止を表し，"没" は副詞で「…ない，…していない，…しなかった」，"有" は動詞で「ある，いる」という意味です。

(10) この雑誌は山田さんのです。

这（ 本 ）杂志是山田的。Zhè běn zázhì shì Shāntián de.

① 块 kuài   ② 件 jiàn   ③ 张 zhāng   ❹ 本 běn

量詞の問題です。雑誌や本など冊子状のものの数量を表す量詞は "本"（冊）です。"块" は塊状の物を，"件" は衣類（主として上着）や事柄を，"张" は紙類や写真など張った平らな面を持っている物を数えるのに用います。

3. 語順選択：与えられた語句を用いて正確に文を組み立てることができるかどうかを問うています。

(2点×5)

(11) わたしたちは朝7時に朝ごはんを食べます。

我们　④ 早上　[　❶ 七点　]　③ 吃　② 早饭。

Wǒmen zǎoshang qī diǎn chī zǎofàn.

時間の表現は動詞（この文では"吃"）の前に置きますが，時間の表現がいくつかある場合は，大きい範囲の時間を示す語（"早上"）を先に，細かい時間（"七点"）を示す語をその次に置きます。

⑿ 彼女たちもみな上海に行きます。

她们　③ 也　[❷ 都]　① 去　④ 上海。Tāmen yě dōu qù Shànghǎi.

副詞"也""都"が共に使われる場合は"也都"の語順です。「…に行く」は"去…"で表します。

⒀ わたしは電車の中で携帯電話を見ます。

④ 我　[❸ 在]　② 电车里　① 看手机。Wǒ zài diànchē li kàn shǒujī.

「…で…をする」は「"在"＋場所＋動詞（＋目的語）」の語順です。"在电车里"（電車の中で）は場所を表す介詞"在"からなるフレーズで，動詞"看"（見る）の前に置きます。

⒁ わたしはパソコンで中国語を勉強します。

① 我　[❹ 用]　③ 电脑　② 学汉语。Wǒ yòng diànnǎo xué Hànyǔ.

「…で（…を使って）…する」という場合，「"用"＋道具＋動詞」の語順をとります。"用"は手段や方法を表す介詞です。"用"からなるフレーズは動詞の前に置きます。

⒂ 駅はそれほど遠くありません。

④ 车站　① 不　[❷ 太]　③ 远。Chēzhàn bú tài yuǎn.

形容詞述語文の否定形は，「主語＋否定詞＋形容詞」の語順です。「それほど…でない」という部分否定は，程度を表す副詞"太"を用い，"不太"の後に形容詞を用いて表します。

解答：(1) a 桥　b 药　　(2) a 冷　b 写　　(3) 作业　　(4) 好听　　(5) 睡觉

日文中訳：中国では文字表記に簡体字を用いることが正式に定められています。簡体字の形や画数に注意しましょう。日本の漢字と微妙に，あるいは大きく異なるものが多くありますので，正確に覚えましょう。 （4点×5）

(1) a　橋を渡る。　　过桥。　　　　Guò qiáo.
　　b　薬をのむ。　　吃／喝药。　Chī／Hē yào.

　　　a 「橋を渡る」は "过桥" です。簡体字の "桥" は旁（つくり）が簡略化されているので，注意しましょう。

　　　桥 qiáo（橋）　一　十　才　木　栌　栌　栌　栌　桥　桥　　（10画）

　　　b "药" は「薬」の簡体字です。「薬をのむ」は "吃药" で，煎じ薬のような水薬の場合は "喝药" とも言います。"药" の草冠（くさかんむり）の下の部分は日本語とかなり違いますので，何度も書いて練習しましょう。

　　　药 yào（薬）　一　十　艹　艹　艿　茐　茐　药　药　　　　（9画）

(2) a　外は寒い。　　外面很冷。　Wàimiàn hěn lěng.
　　b　手紙を書く。　写信。　　　Xiě xìn.

　　　a 形容詞「寒い」は "冷" を用います。

　　　冷 lěng（冷）　丶　冫　冫　汄　冹　冷　冷　　　　　　　（7画）

　　　b 動詞「書く」は "写"，日本語の「写」とは違って5画目の "一" が右につき出ないので注意しましょう。

　　　写 xiě（写）　丶　冖　冖　写　写　　　　　　　　　　　　（5画）

(3) 宿題を提出する。　　交作业。Jiāo zuòyè.

　　　「宿題」は "作业" です。"作业" は日本の漢字では「作業」で覚えやすいですが，簡体字の "业" は「業」の上の部分だけを残したものです。

业 yè（業）｜　∥　∦　业　业　　　　　　　　　　　　　　　（5画）

(4) 彼女は声がとても<u>きれいだ</u>。她的声音很<u>好听</u>。Tā de shēngyīn hěn hǎotīng.

“听”は「聴く」という意味で「聽」の簡体字です。書き方を覚えましょう。“好…”で，“好吃”（〔食べ物が〕おいしい）“好看”（〔見た目に〕きれいだ）“好喝”（〔飲み物が〕おいしい）などたくさんの常用語を作ることができます。

听 tīng（聽）丶　丷　口　吖　听　听　听　　　　　　　　（7画）

(5) 猫も<u>寝る</u>。　猫也<u>睡觉</u>。Māo yě shuìjiào.

「寝る」は“睡觉”です。簡体字“觉”は「見」の部分が“见”と簡略化されているので，注意しましょう。

觉 jiào（覺）丶　丷　丷　丷　ヅ　ヅ　労　労　觉　（9画）

28

準4級第110回
（2023年11月）

03 **1** 1. これから読む(1)～(5)の発音と一致するものを，①～④の中から１つ選びなさい。

（10点）

04 (1)　　　　① dāo　　　② pāo　　　③ tāo　　　④ bāo

05 (2)　　　　① zǐ　　　　② sǔ　　　　③ zǔ　　　　④ cǐ

06 (3)　　　　① qì　　　　② qù　　　　③ jù　　　　④ chì

07 (4)　　　　① cuò　　　② zuò　　　③ còu　　　④ zòu

08 (5)　　　　① jié　　　② qié　　　③ jué　　　④ qué

09 2. (6)～(10)のピンイン表記と一致するものを，①～④の中から１つ選びなさい。

（10点）

10 (6) cāntīng　　① 　　　② 　　　③ 　　　④

11 (7) xuéxí　　　① 　　　② 　　　③ 　　　④

12 (8) yánsè　　　① 　　　② 　　　③ 　　　④

13 (9) niúnǎi　　　① 　　　② 　　　③ 　　　④

14 (10) lǚxíng　　　① 　　　② 　　　③ 　　　④

15 3. (11)～(15)の日本語を中国語で言い表す場合，最も適当なものを，①～④の中から
１つ選びなさい。

（10点）

16 (11) おばあさん　① 　　　② 　　　③ 　　　④

17 (12) 運転手　　　① 　　　② 　　　③ 　　　④

18 (13) 地下鉄　　　① 　　　② 　　　③ 　　　④

19 (14) きれいだ　　① 　　　② 　　　③ 　　　④

20 (15) 手紙を書く　① 　　　② 　　　③ 　　　④

21 **2** 1. (1)〜(5)の日本語を中国語で言い表す場合，最も適当なものを，①〜④の中から
1つ選びなさい。 (10点)

22 (1) 10時4分   ①   ②   ③   ④

23 (2) おととい   ①   ②   ③   ④

24 (3) 土曜日   ①   ②   ③   ④

25 (4) 2日間   ①   ②   ③   ④

26 (5) 1001   ①   ②   ③   ④

27 2. (6)〜(10)のような場合，中国語ではどのように言うのが最も適当か，①〜④の中
から1つ選びなさい。 (10点)

28 (6) 子どもに年齢をたずねるとき

     ①   ②   ③   ④

29 (7) 人を招き入れるとき

     ①   ②   ③   ④

30 (8) お礼を言われたとき

     ①   ②   ③   ④

31 (9) 家族の人数をたずねるとき

     ①   ②   ③   ④

32 (10) どこに行くのかをたずねるとき

     ①   ②   ③   ④

3　1.　(1)〜(5)の中国語の正しいピンイン表記を，①〜④の中から１つ選びなさい。

(10点)

(1) 快　　　　① kuì　　　　② guài　　　　③ kuài　　　　④ guì

(2) 晚　　　　① wǎn　　　　② wǎng　　　　③ mán　　　　④ máng

(3) 词典　　　① zìdiǎn　　② cídiǎn　　③ cítiǎn　　④ sìdiǎn

(4) 早饭　　　① zǎofàn　　② zǎohàn　　③ zhāofàn　　④ zhāohàn

(5) 银行　　　① yīnháng　② yìnxíng　③ yǐnxīng　④ yínháng

2.　(6)〜(10)の日本語の意味になるように空欄を埋めるとき，最も適当なものを，①〜④の中から１つ選びなさい。

(10点)

(6) わたしはコーヒーを飲みますが，あなたは？

我喝咖啡，你（　　　　）?

① 啊　　　　② 呢　　　　③ 吧　　　　④ 吗

(7) きのうは寒くなかった。

昨天（　　　）冷。

① 不是　　　② 没有　　　③ 不　　　　④ 别

(8) 病院はあそこにあります。

医院（　　　）那儿。

① 在　　　　② 有　　　　③ 是　　　　④ 放

(9) これはいくらですか。

这个（　　　）钱?

① 什么　　　② 怎么　　　③ 多少　　　④ 几

(10) わたしは傘を２本持っています。

我有两（　　　）伞。

① 张　　　　② 本　　　　③ 条　　　　④ 把

32

3. ⑪〜⑮の日本語の意味になるように①〜④を並べ替えたときに, [　　]内に
入るものを選びなさい。　　　　　　　　　　　　　　　　　　　　　(10点)

⑪ 彼らもみな中国人です。

他们＿＿＿＿＿＿　＿＿＿＿＿＿　[＿＿＿＿＿]　＿＿＿＿＿＿。

　① 也　　　　　　② 中国人　　　　③ 都　　　　　④ 是

⑫ 彼は上海から来ます。

＿＿＿＿＿＿　[＿＿＿＿＿]　＿＿＿＿＿＿　＿＿＿＿＿＿。

　① 来　　　　　　② 从　　　　　　③ 他　　　　　④ 上海

⑬ 彼女はわたしに英語を教えています。

＿＿＿＿＿＿　[＿＿＿＿＿]　＿＿＿＿＿＿　＿＿＿＿＿＿。

　① 英语　　　　　② 我　　　　　　③ 她　　　　　④ 教

⑭ わたしは自転車で学校に通っています。

＿＿＿＿＿＿　[＿＿＿＿＿]　＿＿＿＿＿＿　＿＿＿＿＿＿。

　① 骑　　　　　　② 我　　　　　　③ 上学　　　　④ 自行车

⑮ これはそれほど値段が高くない。

＿＿＿＿＿＿　＿＿＿＿＿＿　[＿＿＿＿＿]　＿＿＿＿＿＿。

　① 贵　　　　　　② 这个　　　　　③ 太　　　　　④ 不

4　⑴〜⑸の日本語の下線部を中国語に訳し, ⑴・⑵は1文字, ⑶〜⑸は2文字の漢
　字（簡体字）で書きなさい。（漢字は崩したり略したりせずに書くこと。）　　(20点)

⑴ a 新聞を読む。　　　　　　b 本を注文する。

⑵ a きょうは暑い。　　　　　b パソコンを買う。

⑶ 映画を観る。

⑷ 復習する。

⑸ 車を運転する。

1

解答：(1)❹　(2)❸　(3)❷　(4)❶　(5)❶　(6)❸　(7)❶　(8)❷　(9)❹　(10)❸
(11)❸　(12)❷　(13)❷　(14)❹　(15)❹

1. 発音（1音節）：中国語の発音を正確に聞き取れているかピンインを使って問うています。ピンインは文字としてではなく音と関連付けて覚えるようにしましょう。

(2点×5)

04 (1) bāo 　① dāo 　② pāo 　③ tāo 　❹ bāo

05 (2) zǔ 　① zǐ 　② sǔ 　❸ zǔ 　④ cǐ

06 (3) qù 　① qì 　❷ qù 　③ jù 　④ chì

07 (4) cuò 　❶ cuò 　② zuò 　③ còu 　④ zòu

08 (5) jié 　❶ jié 　② qié 　③ jué 　④ qué

2. 発音（2音節）：おろそかに聞くと間違えてしまうような音を集めています。それぞれの音の細かな違いを聞き分けられるようにしましょう。

(2点×5)

10 (6) cāntīng 　① zāntīng 　② cānjīn 　❸ cāntīng 　④ cuāntīng

11 (7) xuéxí 　❶ xuéxí 　② xuéshí 　③ xuéxǐ 　④ xiéshí

12 (8) yánsè 　① yánsù 　❷ yánsè 　③ yángshù 　④ yánshù

13 (9) niúnǎi 　① liúlǎi 　② niúnài 　③ liúnài 　❹ niúnǎi

14 (10) lǚxíng 　① lǚxíng 　② lüèxíng 　❸ lǚxíng 　④ lièxíng

3. 単語：与えられた日本語に対応する単語またはフレーズの意味を類義，反義，関連語のグループの中から選びます。

（2点×5）

16 (11) おばあさん
- ① 爸爸 bàba （おとうさん）
- ② 爷爷 yéye （おじいさん）
- ❸ 奶奶 nǎinai （おばあさん）
- ④ 哥哥 gēge （おにいさん）

17 (12) 運転手
- ① 老师 lǎoshī （先生）
- ❷ 司机 sījī （運転手）
- ③ 学生 xuésheng （生徒，学生）
- ④ 医生 yīshēng （医者）

18 (13) 地下鉄
- ① 电车 diànchē （電車）
- ❷ 地铁 dìtiě （地下鉄）
- ③ 自行车 zìxíngchē （自転車）
- ④ 汽车 qìchē （自動車）

19 (14) きれいだ
- ① 暖和 nuǎnhuo （暖かい）
- ② 热闹 rènao （にぎやかだ）
- ③ 高兴 gāoxìng （うれしい）
- ❹ 漂亮 piàoliang （きれいだ）

20 (15) 手紙を書く
- ① 看书 kàn shū （本を読む）
- ② 说话 shuōhuà （話をする）
- ③ 吃饭 chī fàn （ごはんを食べる）
- ❹ 写信 xiě xìn （手紙を書く）

2

1. 語句：数字に関する表現を正確に聞き取れるかどうかを問うています。

(2 点 × 5)

22 (1) 10 時 4 分

❶ 十点零四分　　　shí diǎn líng sì fēn　　（10 時 4 分）

② 四点十分　　　　sì diǎn shí fēn　　　　（4 時 10 分）

③ 四点零四分　　　sì diǎn líng sì fēn　　（4 時 4 分）

④ 十点十分　　　　shí diǎn shí fēn　　　　（10 時 10 分）

23 (2) おととい

① 前年　　　　　　qiánnián　　　　　　（おととし）

② 后天　　　　　　hòutiān　　　　　　　（あさって）

③ 去年　　　　　　qùnián　　　　　　　（去年）

❹ 前天　　　　　　qiántiān　　　　　　（おととい）

24 (3) 土曜日

① 星期四　　　　　xīngqīsì　　　　　　（木曜日）

❷ 星期六　　　　　xīngqīliù　　　　　　（土曜日）

③ 星期一　　　　　xīngqīyī　　　　　　（月曜日）

④ 星期日　　　　　xīngqīrì　　　　　　（日曜日）

25 (4) 2 日間

① 两点　　　　　　liǎng diǎn　　　　　（2 時）

② 二号　　　　　　èr hào　　　　　　　（2 日）

③ 两个小时　　　　liǎng ge xiǎoshí　　（2 時間）

❹ 两天　　　　　　liǎng tiān　　　　　（2 日間）

26 (5) 1001

① 一千一　　　　　yìqiān yī　　　　　　（1100）

② 一千零一十　　　yìqiān líng yīshí　　（1010）

❸ 一千零一　　　　yìqiān líng yī　　　　（1001）

④ 一千零十一　　　yìqiān líng shíyī　　（1011）

36

2. 日常用語：あいさつ語ほか日常生活の中で使われる基本的な表現を聞いて理解することができるかどうかを問うています。

(6) 子どもに年齢をたずねるとき

❶ 你几岁了？　Nǐ jǐ suì le?　いくつになったの？

② 现在几点？　Xiànzài jǐ diǎn?　今何時？

③ 今天几号？　Jīntiān jǐ hào?　きょうは何日？

④ 你几年级？　Nǐ jǐ niánjí?　何年生？

29 (7) 人を招き入れるとき

① 请坐！　Qǐng zuò!　どうぞおかけください。

② 请问！　Qǐngwèn!　おたずねします。

❸ 请进！　Qǐng jìn!　お入りください。

④ 请喝茶！　Qǐng hē chá!　お茶をどうぞ。

30 (8) お礼を言われたとき

❶ 不谢！　Bú xiè!　どういたしまして。

② 谢谢！　Xièxie!　ありがとう。

③ 对不起！　Duìbuqǐ!　すみません。

④ 麻烦你了！　Máfan nǐ le!　ご面倒おかけしました。

31 (9) 家族の人数をたずねるとき

① 你家在哪儿？　Nǐ jiā zài nǎr?　あなたの家はどちらですか。

② 你有几个妹妹？　Nǐ yǒu jǐ ge mèimei?　あなたは何人妹さんがいますか。

③ 你家有什么人？　Nǐ jiā yǒu shénme rén?　あなたの家はどんな人がいますか。

❹ 你家有几口人？　Nǐ jiā yǒu jǐ kǒu rén?　家族は何人ですか。

32 (10) どこに行くのかをたずねるとき

① 你在哪儿？　Nǐ zài nǎr?　あなたはどこにいますか。

② 你几点去？　Nǐ jǐ diǎn qù?　あなたは何時に行きますか。

③ 你要什么？　Nǐ yào shénme?　あなたは何が欲しいですか。

❹ 你去哪儿？　Nǐ qù nǎr?　あなたはどこに行きますか。

第110回

解答と解説　[リスニング]

3

解答：(1) **❸**　(2) **❶**　(3) **❷**　(4) **❶**　(5) **❹**　(6) **❷**　(7) **❸**　(8) **❶**　(9) **❸**　(10) **❹**

(11) **❹**　(12) **❷**　(13) **❹**　(14) **❶**　(15) **❸**

1. ピンイン表記：ピンイン表記を理解することは正確な発音を身に付けることでもあります。

(2点×5)

(1) 快（速い）　　　① kuì　　　② guài　　　**❸ kuài**　　　④ guì

(2) 晚（夕方，晚，〔時間が〕遅い）

　　　　　　　　❶ wǎn　　　② wǎng　　　③ mán　　　④ máng

(3) 词典（辞典）　① zìdiǎn　　**❷ cídiǎn**　　③ cítiǎn　　④ sìdiǎn

(4) 早饭（朝食）　**❶ zǎofàn**　　② zǎohàn　　③ zhāofàn　④ zhāohàn

(5) 银行（銀行）　① yīnháng　② yìnxíng　③ yǐnxīng　**❹ yínháng**

2. 空欄補充：空欄に入る語はいずれも文法上のキーワードです。　　　(2点×5)

(6) わたしはコーヒーを飲みますが，あなたは？

　　我喝咖啡，你（ 呢 ）？ Wǒ hē kāfēi, nǐ ne?

　　① 啊 a　　　　　**❷ 呢 ne**　　　③ 吧 ba　　　④ 吗 ma

> 　「わたしはコーヒーを飲みます」という前提を受けて，「…は？」と省略した尋ね方をする場合には"呢"を用います。"啊"は明るい語気を表す感嘆の助詞，"吧"は「でしょう？」「しましょうよ！」と推量や勧誘の意味を表す助詞，"吗"は諾否疑問文を作る助詞です。

(7) きのうは寒くなかった。

　　昨天（ 不 ）冷。Zuótiān bù lěng.

　　① 不是 bú shì　② 没有 méiyou　**❸ 不 bù**　　④ 别 bié

> 　形容詞の否定は過去のことであっても"不"を用います。"没有"「…

ない」は用いません。"不是"は「…ではない」という判断の打ち消しを表します。"别"は「…するな」という禁止を表す副詞です。

(8) 病院はあそこにあります。

医院 （ 在 ） 那儿。Yīyuàn zài nàr.

❶ 在 zài   ② 有 yǒu   ③ 是 shì   ④ 放 fàng

「あるモノ・人がある場所にある・いる」という所在を表すには"在"を用います。"有"は「ある場所にあるモノ・人がある・いる」という存在を表す場合に用います。"是"は「AはBだ」を表す動詞，"放"は「置く」という意味の動詞です。それぞれ使い分けに注意しましょう。

(9) これはいくらですか。

这个 （ 多少 ） 钱？Zhège duōshao qián?

① 什么 shénme   ② 怎么 zěnme   ❸ 多少 duōshao   ④ 几 jǐ

疑問詞の問題です。「いくら」は"多少钱"で「いくつ，どれくらい」を意味する疑問詞"多少"を用います。"什么"は「何」，"怎么"は「なぜ，どのようにして」。"几"も「いくつ」という数（特に10以下の数）を問う疑問詞ですが，"几钱"とは言えません。

(10) わたしは傘を2本持っています。

我有两 （ 把 ） 伞。Wǒ yǒu liǎng bǎ sǎn.

① 张 zhāng   ② 本 běn   ③ 条 tiáo   ❹ 把 bǎ

「傘」の量詞は"把"で，柄のある道具や手に握って使うものを数えます。"张"は"桌子"(机)，"纸"のように「平たい面」をもつものを，"本"は本やノートなど冊子状のものを，"条"は"一条蛇"（1匹の蛇）のように細長いものを数えます。

3. 語順選択：与えられた語句を用いて正確に文を組み立てることができるかどうかを問うています。   （2点×5）

(11) 彼らもみな中国人です。

他们 ① 也 ③ 都 ［ ❹ 是 ］ ② 中国人。

Tāmen yě dōu shì Zhōngguórén.

副詞 "也" と "都" を同時に用いる場合は "也都" の語順です。副詞は必ず動詞句あるいは形容詞句の前に置きます。

⑿ 彼は上海から来ます。

③ 他 ［ ❷ 从 ］ ④ 上海 ① 来。Tā cóng Shànghǎi lái.

場所・時間の起点を表す「…から」は "从…" を用います。"从上海"（上海から）として動詞（ここでは "来"）の前に置きます。

⒀ 彼女はわたしに英語を教えています。

③ 她 ［ ❹ 教 ］ ② 我 ① 英语。Tā jiāo wǒ Yīngyǔ.

"教" は人とモノ・コトという二重目的語をとる動詞です。「…に」に相当する間接目的語（人）を前に，「…を」に相当する直接目的語（モノ・コト）を後に置きます。「間接目的語（…に）＋直接目的語（…を）」の順に注意しましょう。

⒁ わたしは自転車で学校に通っています。

② 我 ［ ❶ 骑 ］ ④ 自行车 ③ 上学。Wǒ qí zìxíngchē shàngxué.

「自転車で学校に通う」は "骑自行车"（自転車に乗って）と "上学"（学校に通う）の二つの動詞句をつなげる連動文で表現します。動作の起こる順に並べ，前の動詞句が後ろの動詞句の「方法・手段」を表す場合や後ろの動詞句が前の動詞句の目的を表す場合などがあります。

⒂ これはそれほど値段が高くない。

② 这个 ④ 不 ［ ❸ 太 ］ ① 贵。Zhège bú tài guì.

「それほど…でない」という部分否定は，形容詞の前に "不太" を用います。否定詞 "不" を程度副詞の前に置くと部分否定，程度副詞 "太" を否定詞の前に置くと「非常に…でない」という全部否定です。

4

解答：(1) a 报　b 书　　(2) a 热　b 买　　(3) 电影　　(4) 复习　　(5) 开车

日文中訳：中国では文字表記に簡体字を用いることが正式に定められています。簡体字の形や画数に注意しましょう。日本の漢字と微妙に，あるいは大きく異なるものが多くありますので，正確に覚えましょう。

(4点×5)

(1) a　新聞を読む。　　看报。Kàn bào.
　　b　本を注文する。　订书。Dìng shū.

> 　a 書物や新聞などを声を出さずに読むことは "看" と言います。"报" は「報」の簡体字です。
>
> 　报 bào（報）　一　十　扌　扩　护　招　报　　　　（7画）
>
> 　b 「本」は "本 běn" ではありません。"书" は「書」の簡体字で4画です。書き順にも気を付けましょう。
>
> 　书 shū（書）　フ　ヨ　书　书　　　　　　　　　　（4画）

(2) a　きょうは暑い。　　今天很热。Jīntiān hěn rè.
　　b　パソコンを買う。　买电脑。　Mǎi diànnǎo.

> 　a 日本語は温度の高さを気温（暑い）と物（熱い）とで使い分けますが，中国語ではどちらも "热" を用います。"热" は「熱」の簡体字です。
>
> 　热 rè（熱）　一　十　扌　扌　执　执　执　热　热　热　（10画）
>
> 　b "买" は「買」の簡体字です。"头" の部分の2つの点は横ではなく，縦に並べます。
>
> 　买 mǎi（買）　フ　マ　ヌ　㐄　买　买　　　　　　　（6画）

(3) 映画を観る。　　看电影。Kàn diànyǐng.

> 　「映画」は "电影"，"电" は「電」の簡体字です。"电" の5画目が上に突き抜けていることに注意しましょう。

41

电 diàn（電） ﹀ 冂 冃 日 电 　　　　　　　　　　　　　（5画）

(4) 復習する。　　复习。Fùxí.

　　"复习" は，それぞれ「復」と「習」の一部分が簡体字として用いられています。

　　复 fù（復） ﹀ ﹀ ﹀ 乍 乍 乍 匇 匇 复 　　　　　（9画）

　　习 xí（習） 刁 刁 习 　　　　　　　　　　　　　（3画）

(5) 車を運転する。　　开车。Kāichē.

　　「運転する」は "开" という動詞を用います。「開」の簡体字で「もんがまえ」がありません。

　　开 kāi（開） 一 二 尹 开 　　　　　　　　　　　（4画）

　　「車」の簡体字 "车" は全4画で，2画目を左斜め下にはらわないように注意しましょう。

　　车 chē（車） 一 龶 车 车 　　　　　　　　　　　（4画）

漢字（簡体字）を正確に

簡体字を書いておぼえましょう。

（　）内は日本の常用漢字です。筆画順に注意しながら書いてみましょう。

爱（愛） ài	ノ ツ ゲ ゲ ゲ 四 四 ም 矛 爱	10画
	爱　爱　爱	

办（辦） bàn	フ カ カ 办	4画
	办　办　办	

包（包） bāo	ノ ケ ケ 勺 包	5画
	包　包　包	

贝（貝） bèi	l 冂 贝 贝	4画
	贝　贝　贝	

备（備） bèi	ノ ク タ 冬 各 各 备 备	8画
	备　备　备	

鼻（鼻） bí	ノ ′ ′ 竹 白 自 自 鼻 鼻 鼻 鼻 皇 鼻 鼻	14画
	鼻　鼻　鼻	

边（辺） biān	フ カ カ 边 边	5画
	边　边　边	

别（別） bié	l 冂 口 号 另 别 别	7画
	别　别　别	

冰（氷） bīng	` ⁊ 汀 汀 冰 冰	6画
	冰　冰　冰	

43

步(步) bù	㇏ ㇑ ㇑ 止 ㇑ 步 步	7画
	步 步 步	

查(查) chá	一 十 才 木 木 杏 杏 查 查	9画
	查 查 查	

差(差) chà	㇐ ㇐ ㇐ ㇑ 兰 羊 差 差 差	9画
	差 差 差	

长(長) cháng	㇐ ㇐ 长 长	4画
	长 长 长	

场(場) cháng	一 十 土 圬 场 场	6画
	场 场 场	

车(車) chē	一 ㇐ 𠃋 车	4画
	车 车 车	

带(帶) dài	一 ㇐ 卅 卅 卅 世 带 带 带	9画
	带 带 带	

单(单) dān	㇔ ㇜ ㇝ ㇜ 台 台 单 单	8画
	单 单 单	

东(東) dōng	一 ㇐ 东 东 东	5画
	东 东 东	

对(对) duì	㇇ 又 又 对 对	5画
	对 对 对	

发(発) fā	㇐ 乄 发 发 发	5画
	发 发 发	

44

宫（宮） gōng	丶丷宀宀宀宀宫宫宫						9画
	宫	宫	宫				

骨（骨） gǔ	丶冂叮叮叮冎骨骨骨						9画
	骨	骨	骨				

喝（喝） hē	丨冂口叩叩叩叩叩喝喝喝喝						12画
	喝	喝	喝				

画（画） huà	一丆冂币而画画画						8画
	画	画	画				

欢（歡） huān	丆又又欢欢欢						6画
	欢	欢	欢				

见（見） jiàn	丨冂贝见						4画
	见	见	见				

角（角） jiǎo	丿夕夕夕角角角						7画
	角	角	角				

卷（卷） juǎn	丶丷丷二半夫券卷						8画
	卷	卷	卷				

决（決） jué	丶冫冫江决决						6画
	决	决	决				

乐（樂） lè	丿丆斥斥乐						5画
	乐	乐	乐				

练（練） liàn	乚纟纟纟纩练练练						8画
	练	练	练				

两(兩) liǎng	一 厂 厂 厄 丙 两 两							7画
	两	两	两					

马(馬) mǎ	丁 马 马							3画
	马	马	马					

买(買) mǎi	一 マ 买 买 买 买							6画
	买	买	买					

每(每) měi	' ' 仁 与 每 每 每							7画
	每	每	每					

门(門) mén	` 门 门							3画
	门	门	门					

免(免) miǎn	' ' ' ' ' 色 色 免							7画
	免	免	免					

脑(腦) nǎo	丿 刀 月 月 肜 肑 肑 肑 脑 脑							10画
	脑	脑	脑					

鸟(鳥) niǎo	' ' ' ' ' 鸟 鸟							5画
	鸟	鸟	鸟					

农(農) nóng	' ' ' 产 农 农 农							6画
	农	农	农					

器(器) qì	丨 口 口 叩 吅 吅 哭 哭 哭 器 器 器 器							16画
	器	器	器					

铅(鉛) qiān	' ' ' 𠂉 钅 钅 钐 钖 铅 铅							10画
	铅	铅	铅					

浅(浅) qiǎn	、 丶 氵 氵 浐 浐 浅 浅	8画
强(強) qiáng	` コ 弓 弔 弨 弨 弨 弨 弨 弨 强 强	12画
桥(橋) qiáo	一 十 オ オ オ 杧 杧 杯 桥 桥	10画
师(師) shī	` 丨 リ 圹 师 师	6画
收(収) shōu	` 丨 丩 収 收 收	6画
书(書) shū	㇆ 马 书 书	4画
岁(歲) suì	丨 屵 山 屵 岁 岁	6画
团(团) tuán	丨 冂 冃 闭 团 团	6画
效(効) xiào	、 二 亠 六 亣 交 交 效 效 效	10画
写(写) xiě	、 冖 冖 写 写	5画
兴(興) xìng	、 ` ` ` ` 兴 兴	6画

47

| 修（修）
xiū | ノ イ イ 攸 攸 修 修 修 修 | 9画 |
| | 修 修 修 | |

| 压（圧）
yā | 一 厂 厂 圧 压 压 | 6画 |
| | 压 压 压 | |

| 应（応）
yīng | 、 一 广 广 广 应 应 | 7画 |
| | 应 应 应 | |

| 邮（郵）
yóu | 丨 冂 日 由 由 邮 邮 | 7画 |
| | 邮 邮 邮 | |

| 游（遊）
yóu | 、 、 氵 氵 沪 沪 斿 斿 斿 游 游 | 12画 |
| | 游 游 游 | |

| 与（与）
yǔ | 一 与 与 | 3画 |
| | 与 与 与 | |

| 真（真）
zhēn | 一 十 广 方 方 有 盲 直 真 真 | 10画 |
| | 真 真 真 | |

| 直（直）
zhí | 一 十 广 方 方 有 盲 直 | 8画 |
| | 直 直 直 | |

| 钟（鐘）
zhōng | ノ 乍 牛 乍 年 钟 钟 钟 钟 | 9画 |
| | 钟 钟 钟 | |

| 桌（卓）
zhuō | 丨 上 广 内 卢 卢 点 卓 桌 桌 | 10画 |
| | 桌 桌 桌 | |

| 着（着）
zhuó | 、 、 丷 半 兰 关 羊 着 着 着 着 | 11画 |
| | 着 着 着 | |

中国語検定試験について

　一般財団法人 日本中国語検定協会が実施し，中国語運用能力を認定する試験です。受験資格の制限はありません。また，目や耳，肢体などが不自由な方には特別対応を講じます。中国語検定試験の概要は以下のとおりです。詳しくは後掲（52頁）の日本中国語検定協会のホームページや，協会が発行する「受験案内」をご覧いただくか，協会に直接お問い合わせください。

認定基準と試験内容

準4級	**中国語学習の準備完了** 学習を進めていくうえでの基礎的知識を身につけている。 （一般大学の第二外国語において半年以上，高等学校において一年以上，中国語専門学校・講習会等において半年以上の学習程度。） 基礎単語約500，日常あいさつ語約80から ○単語・語句の発音，数を含む表現，日常生活における基本的な問答及びあいさつ表現の聞き取り ○単語・語句のピンイン表記 ○基礎的な文法事項及び単文の組み立て ○簡体字の書き取り
4　級	**中国語の基礎をマスター** 平易な中国語を聞き，話すことができる。 （一般大学の第二外国語において一年以上の学習程度。） 常用語約1,000から ○日常生活における基本的な問答，比較的長い会話文または文章の聞き取りと内容理解 ○単語・語句のピンイン表記・声調 ○基本的な文法事項及び文法事項を含む単文の組み立て ○比較的長い文章の内容理解 ○日本語の中国語訳（記述式）
3　級	**自力で応用力を養いうる能力の保証（一般的事項のマスター）** 基本的な文章を読み，書くことができる。 簡単な日常会話ができる。 （一般大学の第二外国語において二年以上の学習程度。） 常用語約2,000から ○日常生活における基本的な問答，比較的長い会話文または文章の聞き取りと内容理解 ○単語・語句のピンイン表記・声調 ○基本的な文法事項及び文法事項を含む単文・複文の組み立て ○比較的長い文章の内容理解 ○日本語の中国語訳（記述式）

2　級	**実務能力の基礎づくり完成の保証** 複文を含むやや高度な中国語の文章を読み，3級程度の文章を書くことができる。 日常的な話題での会話ができる。 日常生活全般及び社会生活の基本的事項における中国語から ○日常会話及び長文の聞き取りと内容理解 ○長文読解と長文中の語句に関する理解 ○正しい語順と語句の用法，熟語・慣用句を含む語句の解釈 ○長文中の指定語句の書き取り及び指定文の日本語訳（記述式） ○日本語の中国語訳（記述式） ○与えられた語句を用いたテーマに沿った中国語作文（記述式）
準1級	**実務に即従事しうる能力の保証（全般的事項のマスター）** 社会生活に必要な中国語を基本的に習得し，通常の文章の中国語訳・日本語訳，簡単な通訳ができる。 日常生活及び社会生活全般における，新聞・雑誌・文学作品・実用文のほか，時事用語などを含むやや難度の高い中国語から **（一次）** ○長文の聞き取りと内容理解 ○長文中の指定文の書き取り（記述式） ○長文読解と長文中の語句に関する理解 ○語句の用法，熟語・慣用句を含む語句の解釈 ○長文中の指定語句の書き取り及び指定文の日本語訳（記述式） ○比較的長い日本語の中国語訳（記述式） ○与えられた語句を用いたテーマに沿った中国語作文（記述式） **（二次）** ○日常会話，簡単な日本語・中国語の逐次通訳及び中国語スピーチ
1　級	**高いレベルで中国語を駆使しうる能力の保証** 高度な読解力・表現力を有し，複雑な中国語及び日本語（あいさつ・講演・会議・会談等）の翻訳・通訳ができる。 日常生活及び社会生活全般における，新聞・雑誌・文学作品・実用文のほか，時事用語などを含む難度の高い中国語から **（一次）** ○長文の聞き取りと内容理解 ○長文中の指定文の書き取り（記述式） ○長文読解と長文中の語句に関する理解 ○語句の用法，熟語・慣用句を含む語句の解釈 ○長文中の指定文の日本語訳（記述式） ○比較的長い日本語の中国語訳（記述式） ○与えられた語句を用いたテーマに沿った中国語作文（記述式） **（二次）** ○難度の高い日本語・中国語の逐次通訳

日程と時間割

　準4級，4級，3級，2級及び準1級の一次試験は3月，6月，11月の第4日曜日の年3回，1級の一次試験は11月の第4日曜日の年1回実施します。

　一次試験は次の時間割で実施し，午前の級と午後の級は併願できます。

午　前			午　後		
級	集合時間	終了予定時間	級	集合時間	終了予定時間
準4級	10:00	11:05	4　級	13:30	15:15
3　級		11:55	2　級		15:45
準1級		12:15	1　級		15:45

　※　2024年3月試験より準4級・4級の試験時間を変更しました。

　準1級と1級の二次試験は，一次試験合格者及び一次試験免除者を対象に，一次が3月・6月の場合は5週間後，一次が11月の場合は翌年1月の第2日曜日に実施します。（協会ホームページに日程掲載）

受験会場

　全国主要都市に約30か所，海外は3か所を予定しています。二次試験は，原則としてZoomによるオンラインで実施します（2024年4月現在）。

受験料（税込）

　郵送またはインターネットで受付けます。

準4級	4　級	3　級	2　級	準1級	1　級
3,500円	4,800円	5,800円	7,800円	9,800円	11,800円

（2024年4月現在）

出題・解答の方式，配点，合格基準点

級	種類	方式	配点	合格基準点
準4級	リスニング	選択式	50点	60点
	筆　記	選択式・記述式	50点	
4　級	リスニング	選択式	100点	60点
	筆　記	選択式・記述式	100点	60点
3　級	リスニング	選択式	100点	65点
	筆　記	選択式・記述式	100点	65点

2 級	リスニング	選択式	100 点	70 点
	筆 記	選択式・記述式	100 点	70 点
準1級	リスニング	選択式・記述式	100 点	75 点
	筆 記	選択式・記述式	100 点	75 点
1 級	リスニング	選択式・記述式	100 点	85 点
	筆 記	選択式・記述式	100 点	85 点

・解答は，マークシートによる選択式及び一部記述式を取り入れています。また，録音によるリスニングを課し，特に準1級・1級にはリスニングによる書き取りを課しています。

・記述式の解答は，簡体字の使用を原則としますが，2級以上は特に指定された場合を除き，簡体字未習者の繁体字使用は妨げません。ただし，字体の混用は減点の対象とします。

・4級～1級は，リスニング・筆記ともに合格基準点に達していないと合格できません。準4級は合格基準点に達していてもリスニング試験を受けていないと不合格となります。

・合格基準点は，難易度を考慮して調整することがあります。

二次試験内容

準1級は，面接委員との簡単な日常会話，口頭での中文日訳と日文中訳，指定されたテーマについての口述の3つの試験を行い，全体を通しての発音・イントネーション及び語彙・文法の運用能力の総合的な判定を行います。10～15分程度。合格基準点は75点／100点

1級は，面接委員が読む中国語長文の日本語訳と，日本語長文の中国語訳の2つの試験を行います。20～30分程度。合格基準点は各85点／100点

一般財団法人 日本中国語検定協会

〒103-8468　東京都中央区東日本橋 2-28-5 協和ビル

Tel：03-5846-9751　Fax：03-5846-9752

ホームページ：http://www.chuken.gr.jp

E-mail：info@chuken.gr.jp

試験結果データ（2023 年実施分）

L：リスニング　W：筆記　口試 1：中文日訳　口試 2：日文中訳

第108回	準4級	4級 L / W	3級 L / W	2級 L / W	準1級 L / W	準1級二次 口試	1級一次 L / W	1級二次 口試1/口試2
合格基準点	60	60(55)/60	65(55)/65(60)	70(65)/70	75/75	75	－	－
平均点	74.1	63.3/70.6	57.1/69.7	62.9/64.3	66.5/63.3	84.3	－	－
志願者数	1,176	1,651	1,958	896	355	62	－	－
受験者数	1,004	1,443	1,703	804	316	58	－	－
合格者数	808	856	809	235	61	56	－	－
合格率	80.5%	59.3%	47.5%	29.2%	19.3%	96.6%	－	－

第109回	準4級	4級 L / W	3級 L / W	2級 L / W	準1級一次 L / W	準1級二次 口試	1級一次 L / W	1級二次 口試1/口試2
合格基準点	60	60(55)/60(55)	65(50)/65(50)	70(65)/70(65)	75/75	75	－	－
平均点	66.4	64.2/64.3	53.2/61.9	59.2/59.7	61.1/60.6	87.0	－	－
志願者数	973	1,449	1,892	946	377	57	－	－
受験者数	848	1,282	1,670	871	338	52	－	－
合格者数	596	764	819	269	54	49	－	－
合格率	70.3%	59.6%	49.0%	30.9%	16.0%	94.2%	－	－

第110回	準4級	4級 L / W	3級 L / W	2級 L / W	準1級一次 L / W	準1級二次 口試	1級一次 L / W	1級二次 口試1/口試2
合格基準点	60	60(55)/60(55)	65/65	70/70	75/75	75	85/85	85/85
平均点	67.3	66.4/63.5	65.5/66.7	72.3/63.0	65.5/68.1	85.6	76.5/71.5	72.2/69.2
志願者数	2,085	2,085	2,363	1,180	346	81	214	28
受験者数	1,875	1,819	2,063	1,043	306	79	204	28
合格者数	1,246	1,086	895	345	76	77	22	10
合格率	66.5%	59.7%	43.4%	33.1%	24.8%	97.5%	10.8%	35.7%

※　二次志願者数には，一次試験免除者を含みます。
※　合格基準点欄（　）内の数字は，難易度を考慮して当該回のみ適用された基準点です。

第　　回　　準4級　解答用紙

受験番号							
会場							
氏名							

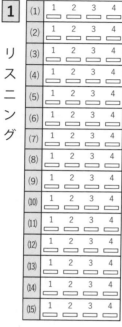

1 リスニング

	1	2	3	4
(1)				
(2)				
(3)				
(4)				
(5)				
(6)				
(7)				
(8)				
(9)				
(10)				
(11)				
(12)				
(13)				
(14)				
(15)				

2 リスニング

	1	2	3	4
(1)				
(2)				
(3)				
(4)				
(5)				
(6)				
(7)				
(8)				
(9)				
(10)				

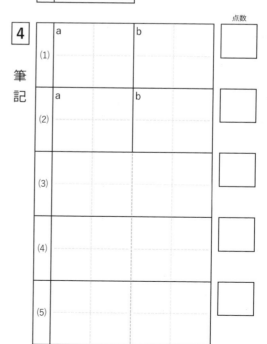

3 筆記

	1	2	3	4
(1)				
(2)				
(3)				
(4)				
(5)				
(6)				
(7)				
(8)				
(9)				
(10)				

	1	2	3	4
(11)				
(12)				
(13)				
(14)				
(15)				

4 筆記

	a	b	点数
(1)			
(2)	a	b	
(3)			
(4)			
(5)			

カバーデザイン：トミタ制作室

音声ストリーミング，ダウンロード

中検準4級試験問題2024［第108・109・110回］解答と解説

2024 年 4 月 22 日　初版印刷
2024 年 4 月 28 日　初版発行

編　者　一般財団法人 日本中国語検定協会
発行者　佐藤和幸
発行所　白 帝 社

〒 171-0014　東京都豊島区池袋 2-65-1
TEL 03-3986-3271　FAX 03-3986-3272
info@hakuteisha.co.jp　https://www.hakuteisha.co.jp/

印刷 倉敷印刷(株)／製本 (株)ティーケー出版印刷

本物の中国語の発音を目指す学習者のために

音声ダウンロード

呉志剛先生の
中国語発音教室
声調の組合せ徹底練習

上野恵司 監修　呉志剛 著

■模範朗読を聴きながら，四声の組合せ，および音声と音声とをつなげて発音するリズムとコツを身につけ，更に滑らかな本物の中国語の発音を目指します。

◆ A5 判　128p
◆定価［本体 2200 円＋税］
　　　　ISBN　978-4-86398-207-9

白帝社刊